교과서 읽기

받아쓰기 짱

1-2

교과서 받아쓰기에 잘 나올만한 문장이나 구절을
익혀나갈 수 있도록 단원별로 엮었습니다.

첫째 마당	1. 보고 듣고 느끼고(매미, 달)	2
	2. 은혜 갚은 꿩	10
	3. 강아지 똥	21

둘째 마당	1. 생각이 서로 다를 때(숙제, 음식)	33
	2. 약속	36
	3. 어떻게 하면 좋을까?	42
	4. 자기 자랑	46

셋째 마당	1. 놀부의 제비집 찾기	52
	2. 구멍난 그릇	59
	3. 세종 대왕	67
	4. 굴참나무와 오색딱따구리	74

넷째 마당	1. 이런 인사 저런 인사	87
	2. 물은 요술쟁이	90
	3. 거북의 알낳기	96
	4. 꼭 하고 말테야	102

1 보고 듣고 느끼고

🌱 글자를 이어서 읽을 때의 발음에 주의하며 소리내어 읽어 봅시다.

매미

읽기 6쪽

숨죽여 살금살금
[숨 주 겨]

나무에 다가가서

한 손을 쭈욱 뻗어
[소 늘] [뻐 더]

잽싸게 덮쳤는데
[덥 천 는 데]

손 안에 남아 있는 건
[소 나 네 나 마 인 는 건]

매암매암 울음뿐.
[우 름 뿐]

🌱 선을 따라가 낱말 풀이를 읽어 보세요.

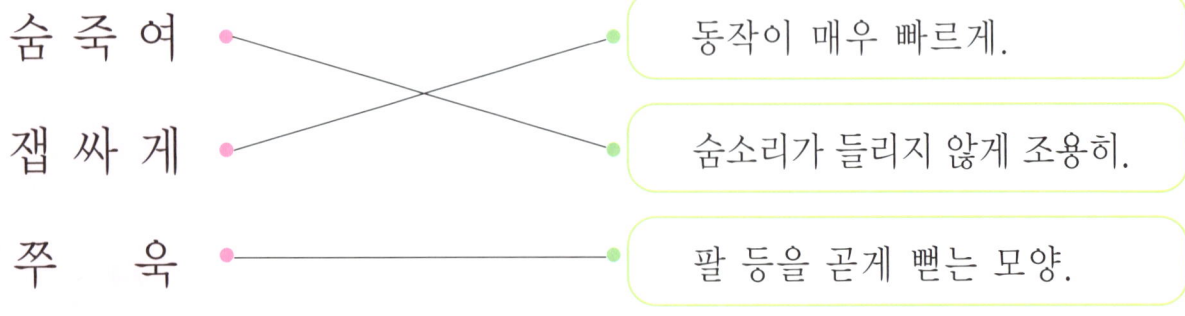

숨죽여 — 동작이 매우 빠르게.
잽싸게 — 숨소리가 들리지 않게 조용히.
쭈욱 — 팔 등을 곧게 뻗는 모양.

나무 **목**

✏️ 왼쪽의 한자를 따라 써 보세요.

木 木 木 木

🌳 뜻풀이를 읽고 알맞게 낱말을 써 넣으세요.

동작이 매우 빠르게		
숨소리가 들리지 않게 조용히		
팔 등을 곧게 뻗는 모양		

🌳 정확하게 소리내어 읽고, 바르게 써 보세요.

숨죽여 살금살금
숨 주 겨 　 살 금 살 금

한 손을 쭈욱 뻗어
한 　 소 늘 　 쭈 욱 　 뻐 더

1나-3

정확하게 소리내어 읽고, 바르게 써 보세요.

잽싸게 덮쳤는데
잽 싸 게 덥 천 는 데

손 안에 남아 있는 건
소 나 네 나 마 인 는 건

매암매암 울음뿐
매 암 매 암 우 름 뿐

다음 (   )안에 낱말 중 바르게 쓴 낱말에 ○표 하고, 문장을 쓰세요.

(숨주겨 · 숨죽여) 살금살금

➡ 숨죽여 살금살금

한 (손을 · 소늘) 쭈욱 뻗어

➡

잽싸게 (덥천는데 · 덮쳤는데)

➡

손 안에 (나마 · 남아) 있는 건

➡

매암매암 (울음뿐 · 우름뿐)

➡

한 손을 쭈욱 (뻐더 · 뻗어)

➡

보고 듣고 느끼고

🌳 글자를 이어서 읽을 때의 발음에 주의하며 소리내어 읽어 봅시다.

읽기 8쪽

달 달 무슨 달
쟁반같이 둥근 달.
쟁반가치
어디어디 떴나
동산 위에 떴지.
동산 위에 떳찌

달 달 무슨 달
해와 같이 밝은 달.
해와 가치 발근 달
어디어디 비추나
우리 동네 비추지.

🌳 선을 따라가 낱말 풀이를 읽어 보세요.

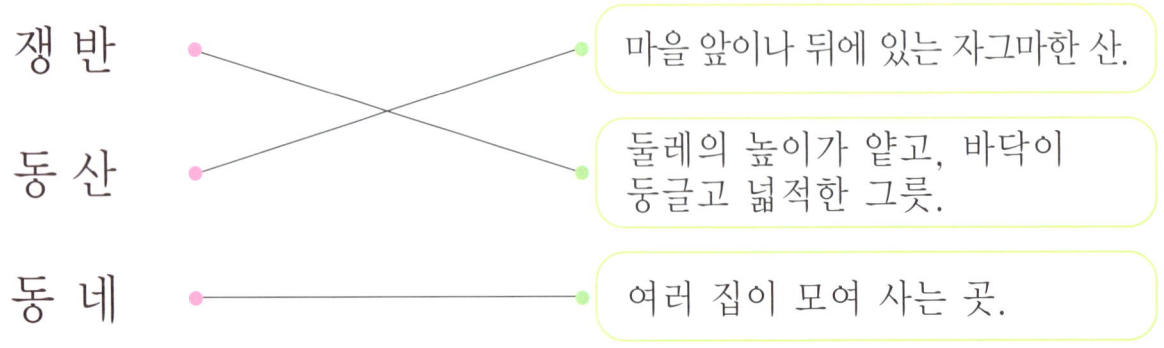

쟁 반 — 둘레의 높이가 얕고, 바닥이 둥글고 넓적한 그릇.
동 산 — 마을 앞이나 뒤에 있는 자그마한 산.
동 네 — 여러 집이 모여 사는 곳.

달 월 月

✏️ 왼쪽의 한자를 따라 써 보세요.

🌳 뜻풀이를 읽고 알맞게 낱말을 써 넣으세요.

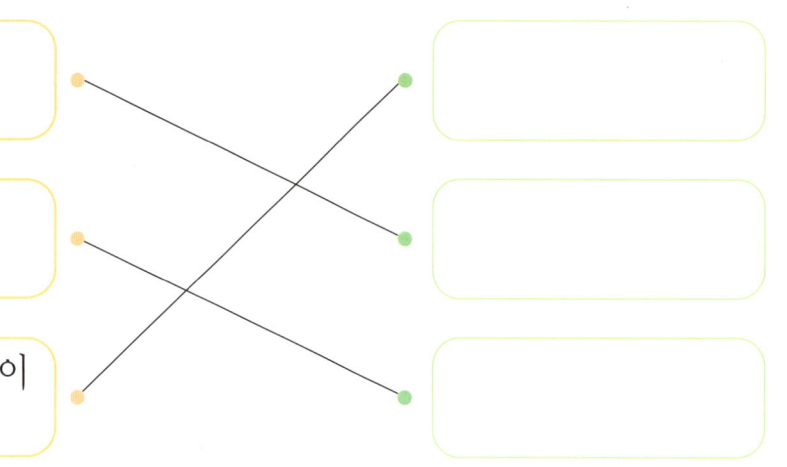

🌳 정확하게 소리내어 읽고, 바르게 써 보세요.

쟁반같이 둥근 달
[쟁반가치 둥근 달]

동산 위에 떴지
[동산 위에 떧지]

정확하게 소리내어 읽고, 바르게 써 보세요.

해와 같이 밝은 달
해 와 가 치 발 근 달

어디어디 떴나

우리 동네 비추지

다음 (　)안에 낱말 중 바르게 쓴 낱말에 ○표 하고, 문장을 쓰세요.

(쟁반가치 · 쟁반같이) 둥근 달

⇨ _____

어디어디 (떴나 · 떤나)

⇨ _____

우리 (동내 · 동네) 비추지

⇨ _____

해와 같이 (밝은 달 · 발근 달)

⇨ _____

달 달 (무스 달 · 무슨 달)

⇨ _____

어디어디 (빗추나 · 비추나)

⇨ _____

1나-9

은혜 갚은 꿩

읽기 12~13쪽

옛날에 한 나그네가 산길을 걷고 있었습니다.

'쉭, 쉭, 쉬이익.'

어디선가 이상한 소리가 들려 주위를 살펴보았습니다. 구렁이가 꿩을 잡아먹으려고 하였습니다.

나그네는 재빨리 구렁이에게 활을 쏘아 꿩을 구하여 주었습니다.

날이 저물었습니다. 나그네는 외딴집의 헛간에서 잠을 자게 되었습니다. 잠을 자던 나그네는 가슴이 답답하여 눈을 떴습니다.

"앗!"

커다란 구렁이가 나그네의 온몸을 친친 감고 긴 혀를 날름거리고 있었습니다.

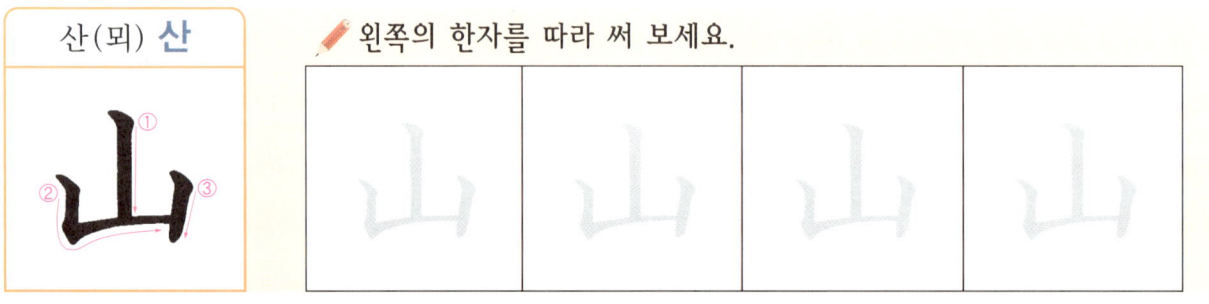

🌳 선을 따라가 낱말 풀이를 읽어 보세요.

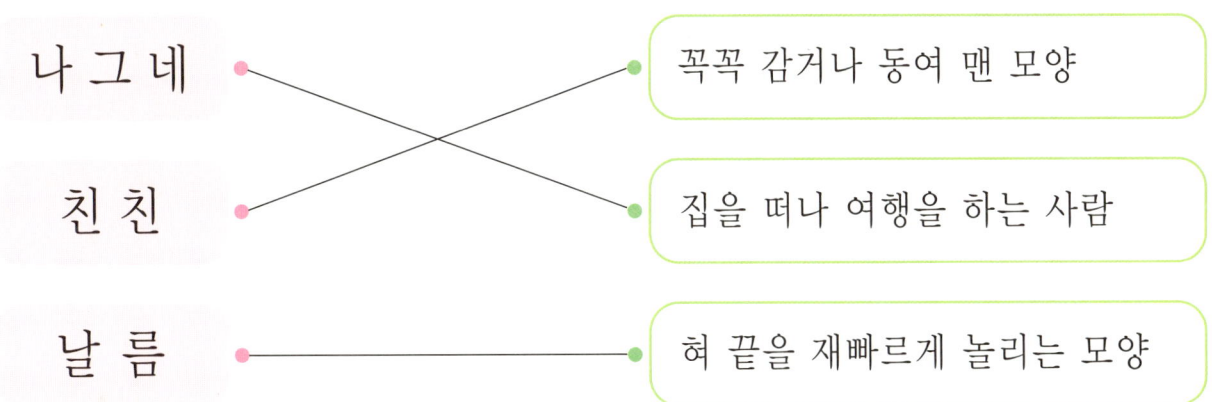

🌳 정확하게 소리내어 읽고, 바르게 써 보세요.

산길을 걷고 있었습니다.
[산끼를 걷꼬 이썯씀니다]

꿩을 잡아먹으려고
[꿩을 자바머그려고]

정확하게 소리내어 읽고, 바르게 써 보세요.

날이 저물었습니다.
나리 저무럳씀니다

외딴집의 헛간에서
외딴지븨 헏까네서

잠을 자게 되었습니다.
자믈 자게 되얻씀니다

정확하게 소리내어 읽고, 바르게 써 보세요.

나그네는 가슴이 답답하여
_{가 스 미 답 따 파 여}

눈을 떴습니다.
_{누 늘 떤 씀 니 다}

온몸을 친친 감고
_{온 모 믈 친 친 감 꼬}

🌳 정확하게 소리내어 읽고, 바르게 써 보세요.

| 주위를 살펴보았습니다. |

🌳 다음 ( )안에 낱말 중 바르게 쓴 낱말에 ○표 하고, 문장을 쓰세요.

(옛날 · 옌날)에 한 나그네가

(주위 · 주이)를 살펴보았습니다.

(가스미 · 가슴이) 답답하여

은혜 갚은 꿩

"네가 우리 오라버니를 죽였지? 나는 네가 낮에 죽인 구렁이의 동생이다."

나그네는 살려 달라고 빌었습니다.

"좋다, 날이 밝기 전에 저 산의 빈 절에 있는 종이 세 번 울리면 살려 주마."

나그네는 꼼짝없이 죽게 되었다고 생각하며 눈물을 흘렸습니다.

날이 점점 밝아 오고 있었습니다. 구렁이는 점점 더 세게 나그네의 몸을 조였습니다.

그 때였습니다.

'뎅, 뎅, 뎅.'

종이 세 번 울렸습니다. 구렁이는 슬그머니 사라졌습니다.

'어떻게 된 걸까?'

나그네는 빈 절에 가 보았습니다.

꿩이 머리에 피를 흘린 채 큰 종 아래 죽어 있었습니다.

🌳 선을 따라가 낱말 풀이를 읽어 보세요.

조였습니다 — 남에게 받는 고마운 일

슬그머니 — 남이 모르게 살짝

은혜 — 틈새없이 사이를 바짝 좁혔습니다.

🌳 정확하게 소리내어 읽고, 바르게 써 보세요.

네가 낮에 죽인 구렁이
[네가 나제 주긴 구렁이]

좋다, 날이 밝기 전에
[나리 발끼 저네]

정확하게 소리내어 읽고, 바르게 써 보세요.

꼼짝없이 죽게 되었다고
[꼼짜겁씨 죽께 되얻따고]

눈물을 흘렸습니다.
[눈무를 흘렫씀니다]

날이 점점 밝아 오고
[나리 점점 발가 오고]

정확하게 소리내어 읽고, 바르게 써 보세요.

어떻게 된 걸까?
[어떠케 된 걸까]

몸을 조였습니다.
[모믈 조엳씀니다]

피를 흘린 채

다음 (   )안에 낱말 중 바르게 쓴 낱말에 ○표 하고, 문장을 쓰세요.

네가 (나제 · 낮에) 죽인 구렁이
➡

날이 (밝기 · 발끼) 전에
➡

날이 점점 (밝아 · 발가) 오고
➡

(어떠케 · 어떻게) 된 걸까?
➡

(죽어 · 주거) 있었습니다.
➡

(꼼짜겁씨 · 꼼짝없이) 죽게 되었다고
➡

정확하게 소리내어 읽고, 바르게 써 보세요. 읽기 18~19쪽

신발 물어 던진
　　　무　러

흔드는 꼬리 땜에
　　　　　　때 메

우유병 넘어뜨린 고양이 녀석
우 유 뼝　너 머 뜨 린

🌳 글자를 이어서 읽을 때의 발음에 주의하며 소리내어 읽어 봅시다.

강아지 똥

읽기 24~25쪽

추운 겨울이었습니다. 흰둥이 강아지가 길가에
똥을 누었습니다. 참새 한 마리가 포르르 날아와
강아지 똥을 콕콕 쪼았습니다.

"똥! 똥! 에그, 더러워."

참새는 쫑알거리며 멀리 날아갔습니다.

"내가 더럽다고?"

강아지 똥은 무척 마음이 상하였습니다.
옆에 있던 흙덩이가 킥킥 웃었습니다.

"왜 웃니?"

강아지 똥은 화가 나서 물었습니다.

"네가 똥이니까 그렇지. 넌 똥 중에서도 제일 더
러운 강아지 똥이야."

"으앙."

강아지 똥은 그만
울음을 터뜨렸습니다.

정확하게 소리내어 읽고, 바르게 써 보세요.

추운 겨울이었습니다.
추 운 겨 우 리 얻 씀 니 다

길가에 똥을 누었습니다.
길 까 에 똥 을 누 얻 씀 니 다

멀리 날아갔습니다.
멀 리 나 라 갇 씀 니 다

정확하게 소리내어 읽고, 바르게 써 보세요.

마음이 상하였습니다.
마 으 미 상 하 엳 씀 니 다

옆에 있던 흙덩이가
여 페 읻 떤 흑 떵 이 가

화가 나서 물었습니다.
무 럳 씀 니 다

🌳 다음 (　)안에 낱말 중 바르게 쓴 낱말에 ◯표 하고, 문장을 쓰세요.

무척 (마으미 · 마음이) 상하였습니다.

➡ _____

옆에 있던 (흑떵이 · 흙덩이)가

➡ _____

네가 똥이니까 (그러치 · 그렇지)

➡ _____

(울음을 · 우르믈) 터뜨렸습니다.

➡ _____

강아지 똥

그 때, 소달구지가 덜컹거리며 오더니 흙덩이 옆에 멈추었습니다.

"어제 이 흙덩이를 떨어뜨렸나 보네? 밭에 도로 가져다 놓아야지."

아저씨는 흙덩이만 주워 갔습니다. 강아지 똥은 혼자 남게 되었습니다. 날이 어두워지면서 흰 눈이 사뿐사뿐 내렸습니다. 강아지 똥은 긴긴 겨울잠에 빠졌습니다.

따뜻한 봄이 왔습니다. 강아지 똥은 겨울잠에서 깨어났습니다. 강아지 똥 바로 앞에 민들레 싹이 돋았습니다.

"나는 별처럼 예쁜 꽃을 피우는 민들레야."

"너는 어떻게 그런 꽃을 피울 수 있니?"

정확하게 소리내어 읽고, 바르게 써 보세요.

겨울잠에 빠졌습니다.
겨 울 짜 메 빠 젙 씁 니 다

따뜻한 봄이 왔습니다.
따 트 탄 보 미 왇 씁 니 다

민들레 싹이 돋았습니다.
싸 기 도 닫 씁 니 다

다음 (   )안에 낱말 중 바르게 쓴 낱말에 ◯표 하고, 문장을 쓰세요.

도로 (밭에 · 바테) 가져다 놓아야지.
➡

흰 (누니 · 눈이) 사뿐사뿐 내렸습니다.
➡

예쁜 (꼬츨 · 꽃을) 피우는 민들레야
➡

너는 (어떠케 · 어떻게) 꽃을 피울 수 있니?
➡

따뜻한 (봄이 · 보미) 왔습니다.
➡

긴긴 겨울 (잠에 · 자메) 빠졌습니다.
➡

"네가 거름이 되어 주면 예쁜 꽃을 피울 수 있어."

민들레 싹은 눈을 반짝이며 속삭였습니다.

"정말 그러니?"

강아지 똥은 깜짝 놀랐습니다.

'내가 거름이 될 수 있다니!'

강아지 똥은 얼마나 기뻤던지 민들레 싹을 꼬옥 껴안았습니다.

봄비가 내렸습니다. 온몸에 비를 맞은 강아지 똥은 잘게 부서져서 땅 속으로 들어갔습니다. 그리고 민들레의 거름이 되었습니다.

햇살이 눈부신 어느 날, 민들레는 아름다운 꽃을 활짝 피웠습니다. 꽃 냄새가 봄바람을 타고 퍼져 나갔습니다. 강아지 똥의 고운 마음이 민들레 꽃송이에 가득 담겨 있었습니다.

정확하게 소리내어 읽고, 바르게 써 보세요.

네가 거름이 되어 주면
거르미

눈을 반짝이며 속삭였습니다.
누늘 반짜기며 속싸곁씀니다

온몸에 비를 맞은 강아지
온모메 비를 마즌 강아지

정확하게 소리내어 읽고, 바르게 써 보세요.

땅 속으로 들어갔습니다.
땅 쏘그로 드러갇씀니다

햇살이 눈부신 어느 날
해싸리 눈부신

꽃 냄새가 봄바람을 타고
봄빠라믈

다음 ( )안에 낱말 중 바르게 쓴 낱말에 ◯표 하고, 문장을 쓰세요.

네가 (거름이 · **거르미**) 되어 주면

➡

예쁜 (꼬츨 · **꽃을**) 피울 수 있어.

➡

민들레 (싸글 · **싹을**) 꼬옥 껴안았습니다.

➡

땅 (**속으로** · 쏘그로) 들어갔습니다.

➡

(누늘 · **눈을**) 반짝이며 속삭였습니다.

➡

비를 (**맞은** · 마즌) 강아지 똥

➡

받아쓰기

*교재 112쪽 참조하세요.

🌳 선생님께서 불러 주시는 말을 바르게 받아 써 봅시다.

1
2
3
4
5
6
7
8
9
10

🌳 틀린글자다시써보기

숙제

　나는 숙제를 스스로 해야한다고 생각합니다.
　다른 사람의 도움을 받다 보면 자기 힘으로 숙제를 할 수 없습니다. 자기 힘으로 숙제를 해야 스스로 공부하는 힘이 생깁니다.

음 식

　사람마다 좋아하는 음식과 싫어하는 음식이 있습니다. 사람들은 좋아하는 음식은 많이 먹지만, 싫어하는 음식은 잘 먹지 않습니다.
　그러나 음식을 골고루 먹지 않으면 건강이 나빠질 수 있습니다. 나는 음식을 골고루 먹어야 한다고 생각합니다.

🌳 정확하게 소리내어 읽고, 바르게 써 보세요.

숙제	생각합니다.
숙 제	생 가 캅 니 다

숙제를 할 수 없습니다.
숙 쩨 를   할   쑤   업 씀 니 다

힘이 생깁니다.
히 미   생 김 니 다

정확하게 소리내어 읽고, 바르게 써 보세요.

좋아하는 음식과 싫어하는 음식이
조아하는 음식꽈 시러하는 음시기

좋아하는 음식은 많이 먹지만
음시근 마니 먹찌만

음식을 골고루 먹지 않으면
음시글 골고루 먹찌 아느면

 글쓴이의 생각이 잘 드러난 부분을 찾고, 내 생각을 말하여 봅시다.

🌳 약속 시간을 왜 지켜야 하는지 생각하며 '약속'을 읽어 봅시다.

약 속

읽기 38~39쪽

나는 오늘 공원에 있는 시계탑 앞에서 재민이를 만나기로 하였습니다. 그런데 재민이가 30분이나 늦게 왔습니다. 재민이는 엄마 심부름을 하고 오느라 늦었다고 말하였습니다.

재민이가 엄마 심부름을 하고 오느라 늦었지만, 약속 시간을 어긴 것은 잘못입니다. 약속 시간을 지키지 않는 친구를 기다리는 일은 지루하고 힘이 듭니다. 그리고 시간을 낭비하게 됩니다.

나는 약속 시간을 꼭 지켜야 한다고 생각합니다.

🌳 선을 따라가 낱말 풀이를 읽어 보세요.

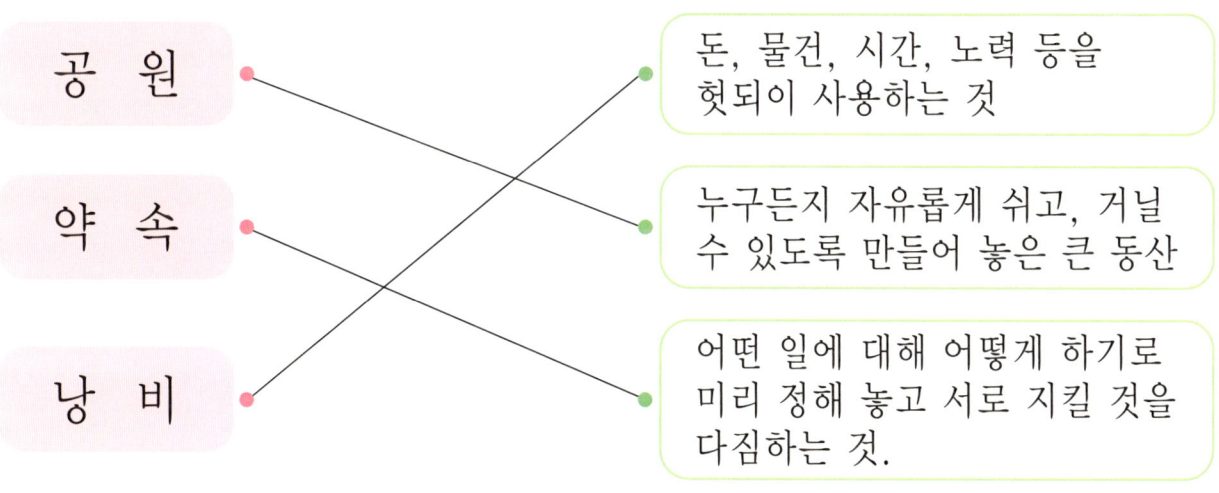

공 원		돈, 물건, 시간, 노력 등을 헛되이 사용하는 것
약 속		누구든지 자유롭게 쉬고, 거닐 수 있도록 만들어 놓은 큰 동산
낭 비		어떤 일에 대해 어떻게 하기로 미리 정해 놓고 서로 지킬 것을 다짐하는 것.

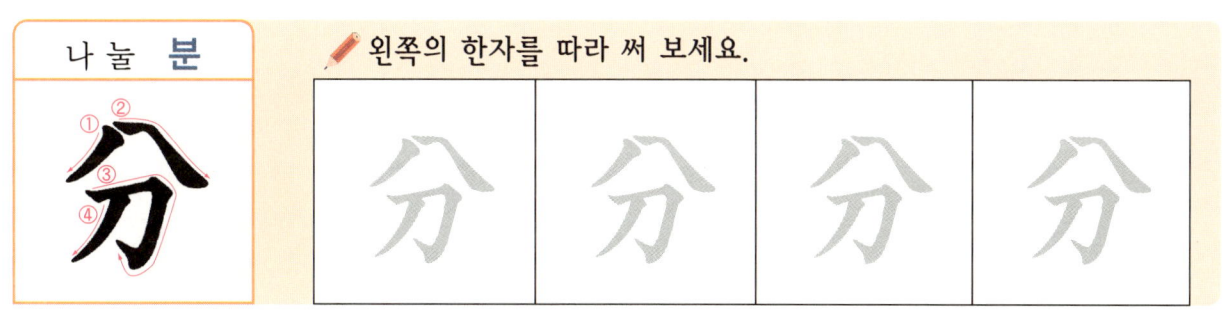

나눌 **분** 分

✏️ 왼쪽의 한자를 따라 써 보세요.

🌳 뜻풀이를 읽고 알맞게 낱말을 써 넣으세요.

돈, 물건, 시간, 노력 등을 헛되이 사용하는 것	
누구든지 자유롭게 쉬고, 거닐 수 있도록 만들어 놓은 큰 동산	
어떤 일에 대해 어떻게 하기로 미리 정해 놓고 서로 지킬 것을 다짐하는 것.	

🌳 정확하게 소리내어 읽고, 바르게 써 보세요.

약 속	앞 에 서	늦 게
약 쏙	아 페 서	늘 께

늦 었 다 고	어 긴 것 은
느 절 따 고	어 긴 거 슨

●도서출판 지능, 신기교육(도서총판 보람도서) 유치원, 어린이집, 학원 전문 학습교재 ●
한글/숫자/받아쓰기/영어/주산/암산/서예/한자/속셈/보습/웅변/글짓기/글쓰기/논술/속독
전화 02-856-4983 / 02-844-7130 휴대폰 010-5250-7130   팩스 02-856-4984

◆ 주산 / 암산 / 수리셈 시리즈	◆ 한글 / 숫자 / 받아쓰기	◆ 한자 / 중국어
주산짱암산짱+기초(개정판) 1, 2, 3	병아리반의 가나다라	급수검정한자교본 8급
주산짱암산짱+기초(종합편)	상, 중, 하, 총정리	급수검정한자교본 7급
주산짱암산짱+주산 10급~1급	병아리반의 하나둘셋	급수검정한자교본 6급
주산짱암산짱+암산 10급~1급	상, 중, 하, 총정리	급수검정한자교본 5급
주산짱암산짱+암산 단급	한글지도 I, II, III	급수검정한자교본 4급
뉴주산수리셈 1~10단계	똘이의 글마당 상, 중, 하(전3권)	급수검정한자교본 4급2
	똘이의 글마당	급수검정한자교본 3급
	상1, 상2 중1, 중2 하1, 하2(전6권)	급수검정한자교본 3급2
	똘이의 셈마당 상, 중, 하	급수검정한자교본 2급
	한글쓰기 1~3단계	급수검정한자교본 1급
	글셈합본 아름드리 하나~여섯	비테에 한자여행 1~6
	영재 국어 글동산 1~5단계	급수한자자격 기출예상문제집 8급
	영재 수학 셈동산 1~3단계	급수한자자격 기출예상문제집 7급
	내친구 한글아 상, 중 하	급수한자자격 기출예상문제집 6급
	내친구 한글아 완성편	급수한자자격 기출예상문제집 5급
	한글깨우침 1~6단계	◆ 글쓰기 / 논술 / 속독
	수셈깨우침 1~6단계	알짜 글쓰기 1~12단계
	참똑똑한 한글달인 1~6단계	동화속의 논술여행
	참똑똑한 수학달인 1~6단계	A~D 각 1~5
	비테에 한글 1~8단계	동화속의 논술여행
	비테에 수학 1~8단계	A~D세트 (각 세트 5권)
	비테에 종합커리큘럼 1~6단계	글쓰기왕국 36권
	원활동교실 1~6단계	기초, 초급, 중급, 고급 각 1~9
	꿈초롱별초롱 한글쓰기	브레인 두뇌속독
	초급, 중급, 고급	정속독 실기1, 2, 응용 1,2,3
	지혜모아 한글 1~5단계	독서뱅크3
	해님이 우리글 1~6단계, 마무리	출발! 동화나라 여행
	달님이 수놀이	◆ 동요 / 동시
	1~6단계, 마무리	우리 옛시조 감상
	받아쓰기 짱 1~4단계	해맑은 아이들의 동시
	한글 받아쓰기 짱 1~4	양면벽보
	세종교육	한글,영어,숫자
	개구쟁이 짱 첫 한글	한자200자,900자
	개구쟁이 짱 첫 수학	
	개구쟁이 짱 한글공부1~6	
	개구쟁이 짱 수학공부1~4	
	개구쟁이 수와셈1~5	
창의 또래마당 1~4	낱말카드	
	숫자카드	

도서출판 지능, 신기교육
도서총판 보람도서
인터넷 : www.borambook.co.kr
이메일 : boram@borambook.co.kr
주 소 : 서울·금천구 남부순환로 1432
(독산동 901-9번지 남부빌딩 3층 301호)
전 화 : (02)856-4983, (02)844-7130
010-5250-7130
팩 스 : (02)856-4984

단계별 학습 교재 세트는 낱권도 판매 가능
유치원, 학교, 학원, 방과후, 공부방 등 단체 공동구매 및 다량 주문시 특별할인판매
표지 및 정가는 홈페이지 쇼핑몰에서 확인하실 수 있습니다.
BORAMBOOK.CO.KR / boram@borambook.co.kr

지능, 신기교육 주산문제	푸른잔디 출판사	시집
숫자와주판의 만남 상(11급수준)	연간 프로그램 단계별 언어인지 10권/수리탐구10권	당신이 그리우면 산에 올라(이영환)
숫자와주판의 만남 하(10급수준)	러닝 투게더 병아리반	솔 모루의 봄(홍현서)
숫자와주판의 만남 숙달1단계(7급)	러닝 투게더 영아반	촛불(정용규)
숫자와주판의 만남 숙달2단계(6급)	러닝 투게더 유아반	은혜 속에 피어난 꽃(이도영 1집)
기초주산교본 상(9급)	러닝 투게더 유치반	고난 속에 핀 꽃(이도영 2집)
기초주산교본 하(8급)	연간 프로그램 (단계별 의사소통, 수리탐구, 자연탐구, 사회탐구, 그리고색칠하기, 오리고만들기, 한자 등)	아름다운 사회 글과 시(김기호)
정통주산문제연습장 7급~1급(8절)		문인들의 밥솥(이정희 1집, 2집)
◆ 연산 / 보수 / 속셈 문제		천국소망(이도영 3집)
(연산) 기초속셈문제 저학년		사랑과 은혜(이도영 4집)
(연산) 기초속셈문제 고학년		사랑 나눔(이도영 5집)
숫자(속셈)공부	키우미 채우미 영아반	공갈못(공검지)(최용식)
숫자공부1(지능정복1단계)	키우미 채우미 유아반	별 밤에 피어난 꽃(조복수)
숫자공부2(지능정복2단계)	키우미 채우미 유치반	낙원(문쾌수)
지능속셈정복 3~12단계	월간 프로그램 (단계별 한글 20권, 수학 20권)	또 하나의 사랑으로(조순화)
하나둘셋 (속셈문제 1단계)		신데렐라 동시집(이도영)
속셈문제연습 2~13단계		인생여정 황홀한 노을을 걷다 (강충구)
지능 시계공부	아이러브 시리즈 A단계	
◆ 영어 첫걸음 / 회화 / 영문법	아이러브 시리즈 B단계	마음으로 읽고 가슴으로 말한다 (김상문)
영어회화 1~2	아이러브 시리즈 C단계	이슬은 꽃이 되다(이도영)
어린이영어 첫걸음, 1, 2, 3단계	아이러브 시리즈 D단계	단풍이 곱던 날(김복임 수필)
패스 기초 영문법	단계별 프로그램	왜 그들은 변하지 않는가?(이요나)
별님이 영어 1, 2, 3단계	스토리텔링 학습으로 배우는 한글캠프 1~7권, 1학년	장곡산 메아리(서병진)
영어를 한글같이발음첫걸음1,2		내 마음의 풍금 소리(한춘상)
기초 영문법	스토리텔링 학습으로 배우는 수학캠프 1~7권, 1학년	그리움은 시가 되어(이도영)
문학 월간지, 계간지		바다가 되어(조화훈)
좋은문학 월간지(년간 12권)	푸른한글 1~7단계	그대 머물고 간 자리(안경애)
좋은문학 동인집 1~6집	푸른수학 1~7단계	나는 이렇게 산다(조철수)
좋은문학 계간지	봉봉 드로잉북 1~6권	삶은 시의 날개를 달고(이도영)
한국문학 계간지	푸른잔디 미술	그대를 위하여(조화훈)
오은문학 계간지(봄,여름,가을,겨울)	러닝 투게더 미술 초급 4권	하얀 화선지(정일영)
기타 / 단행본	러닝 투게더 미술 중급 4권	바람에 피어난 꽃(조복수)
손유희로 꾸며본 성경이야기	러닝 투게더 미술 고급 4권	사전 (졸업선물)
손유희 성경이야기 Tape	프뢰벨의 가베	정통 초등학교 새국어사전
손유희 창작구연동화	러닝 투게더 프뢰벨의 가베 A단계 10권	초등학교 새영어사전
손유희 창작구연동화 Tape		도감 (졸업선물)
말거리 365 웅변원고		아! 꽃이다
천재여 일어나라	러닝 투게더 프뢰벨의 가베 B단계 10권	아! 공룡이다
컴퓨터 한자사전 (CD포함)		화훼 학습자료
미용학 사전	러닝 투게더 프뢰벨의 가베 C단계 10권	어린이 동물도감
헤어 어드벤처		도서출판 매일,창
세계를 품은 아이	러닝 투게더 프뢰벨의 가베 D단계 10권	
- 기타 단행본 안내 - 각종출판사 약 1,000종		

정확하게 소리내어 읽고, 바르게 써 보세요.

공원에 있는 시계탑 앞에서
[공워네 인는 시계탑 아페서]

30분이나 늦게 왔습니다.
[삼십뿌니나 늗께 왇씀니다]

지루하고 힘이 듭니다.
[지루하고 히미 듬니다]

정확하게 소리내어 읽고, 바르게 써 보세요.

약속 시간을 어긴 것은
약쏙 시가늘 어긴 거슨

시간을 낭비하게 됩니다.
시 가 늘

잘못입니다.
잘 모 심 니 다

친구
칭 구

다음 ( )안에 낱말 중 바르게 쓴 낱말에 ○표 하고, 문장을 쓰세요.

공원에 있는 시계탑 (아페서 · **앞에서**)
➡

30분이나 (늘께 · **늦게**) 왔습니다.
➡

시간을 어긴 것은 (**잘못** · 잘모) 입니다.
➡

(**늦었다고** · 느젇따고) 말하였습니다.
➡

지루하고 (히미 · **힘이**) 들었습니다.
➡

약속 (시가늘 · **시간을**) 꼭 지켜야
➡

2 하나 되는 우리

🌳 글자를 이어서 읽을 때의 발음에 주의하며 소리내어 읽어 봅시다.

어떻게 하면 좋을까

읽기 40~41쪽

고양이가 날마다 쥐를 잡아갔습니다. 엄마쥐가 가족 회의를 열었습니다.

첫째 쥐가 말하였습니다.

"이사를 가면 좋겠어요. 이웃 마을에는 고양이가 없을 거예요."

그러자 둘째 쥐가 말하였습니다.

"이삿짐을 싸려면 힘들잖아요? 차라리 한 명씩 돌아가며 망을 보도록 해요."

그러자 셋째 쥐가 말하였습니다.

"고양이 목에 방울을 달면 어때요? 고양이가 올 때마다 방울 소리가 나니까 빨리 도망갈 수 있어요."

🌳 선을 따라가 낱말 풀이를 읽어 보세요.

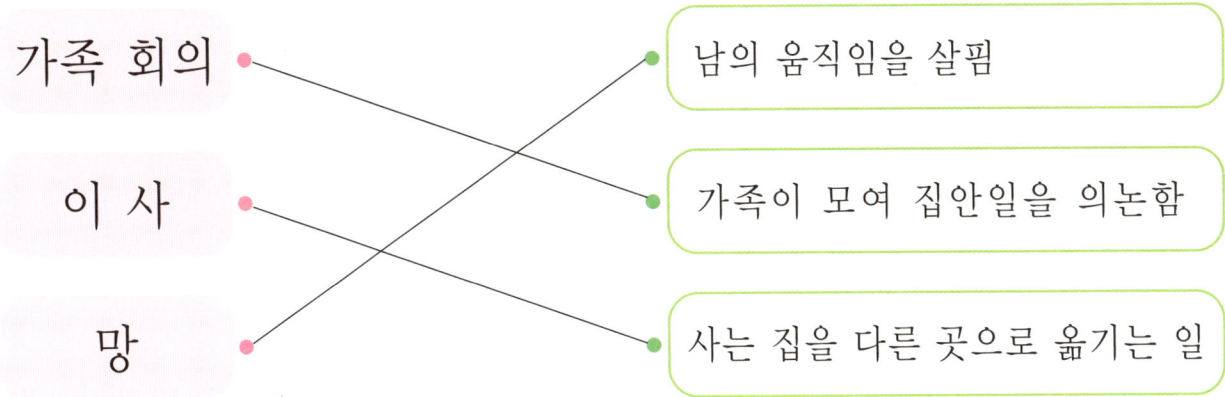

가족 회의 — 가족이 모여 집안일을 의논함
이사 — 사는 집을 다른 곳으로 옮기는 일
망 — 남의 움직임을 살핌

🌳 정확하게 소리내어 읽고, 바르게 써 보세요.

날마다 쥐를 잡아갔습니다.
　　　　　　　[자바갇씀니다]

가족 회의를 열었습니다.
　　　　　　[여럳씀니다]

정확하게 소리내어 읽고, 바르게 써 보세요.

이사를 가면 좋겠어요.
　　　　　　　조켙써요

이사짐을 싸려면 힘들잖아요?
이사찌믈　　　　힘들자나요

고양이 목에 방울을 달면
　　　모게　방우를

🌳 다음 ( )안에 낱말 중 바르게 쓴 낱말에 ◯표 하고, 문장을 쓰세요.

고양이가 (업쓸 · 없을) 거예요.

➡ _____

한 명씩 (돌아가며 · 도라가며) 망을 보도록

➡ _____

고양이 (목에 · 모게) 방울을 달면

➡ _____

고양이가 날마다 쥐를 (자바 · 잡아) 갔습니다.

➡ _____

🌳 뜻풀이를 읽고, 알맞은 낱말을 써 넣으세요.

사는 집을 다른 곳으로 옮기는 일		
남의 움직임을 살핌		
가족이 모여 집안일을 의논함		

자기 자랑

읽기 43쪽

장호가 잠자는 사이에 눈, 코와 입, 손, 발이 자기 자랑을 시작하였습니다.

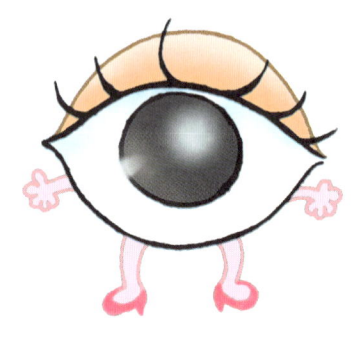

: 내가 없으면 아무것도 볼 수 없어. 벽에 부딪히고, 돌부리에 걸려 넘어질거야. 그래서 너희는 온통 상처투성이가 될 거야. 내가 제일 훌륭한 일을 하고 있지. 그러니까 내가 최고야.

: 아니야, 네가 아무리 훌륭해도 우리가 없으면 소용이 없어. 우리가 없으면 숨을 쉴 수가 없잖아? 음식을 먹을 수도 없고, 냄새를 맡을 수도 없지. 그러니까 우리가 최고야.

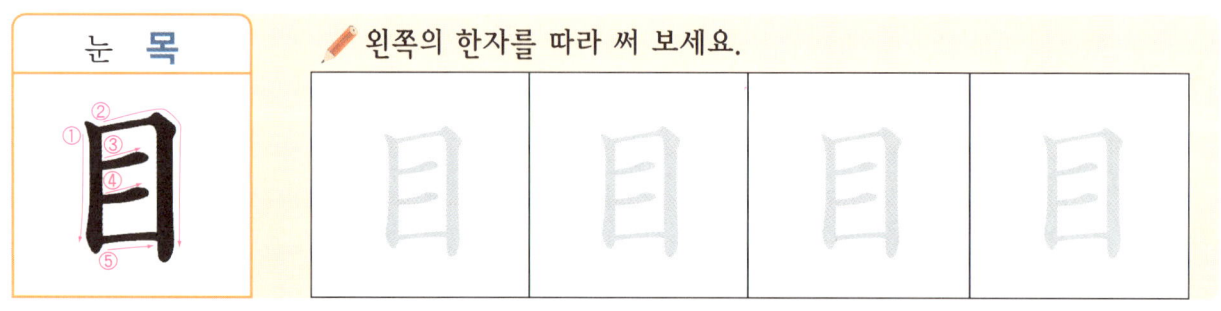

: 애들아, 몸에서 나만큼 중요한 게 또 있겠니? 내가 없으면 연필을 잡을 수 없고, 장난감을 가지고 놀 수도 없어. 예쁜 반지도 손가락에 끼우잖아? 그러니까 내가 최고야.

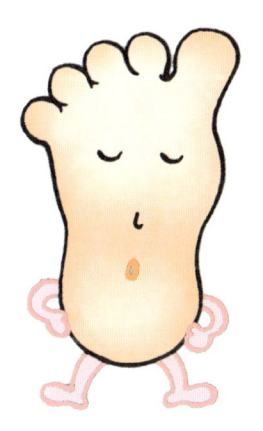

: 하하하, 몸 중에서 제일 높으신 내가 한 말씀을 하겠다. 너희는 내가 없으면 반듯하게 서 있을 수 없어. 사람들이 왜 양말과 신발을 신고 다니는지 아니? 다 내가 귀하기 때문이야. 그러니까 내가 최고야. 에헴!

자기 자랑은 밤새도록 끝나지 않았습니다. 누구 하나 양보하지 않았기 때문입니다.

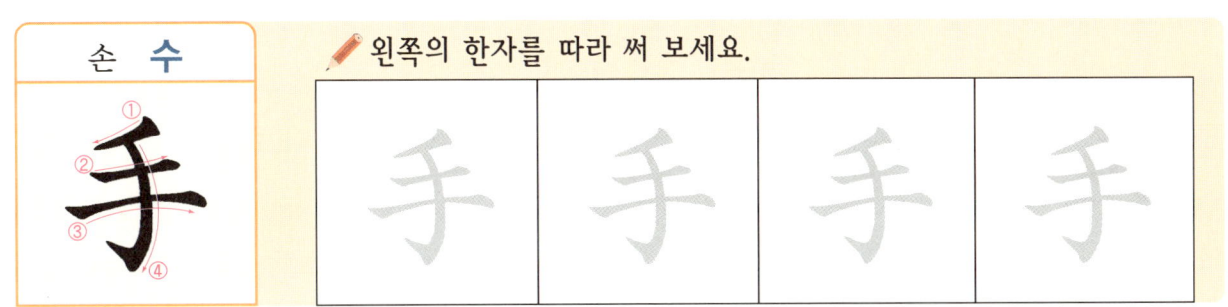

손 수

🌳 선을 따라가 낱말 풀이를 읽어 보세요.

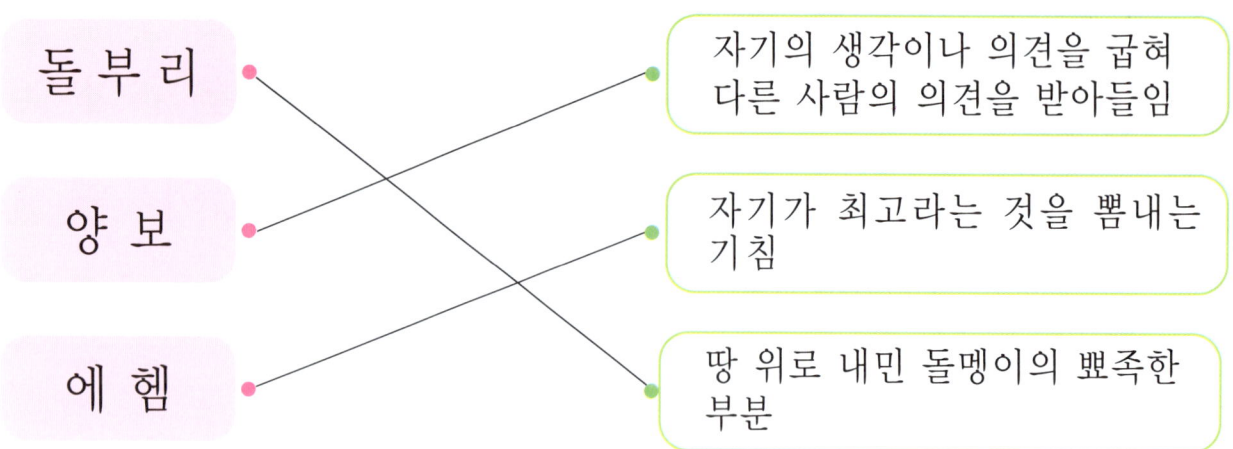

🌳 정확하게 소리내어 읽고, 바르게 써 보세요.

아무것도 볼 수 없어
[아 무 걷 또 볼 쑤 업 써]

벽에 부딪히고
[벼 게 부 디 치 고]

내가 없으면
[내 가 업 쓰 면]

정확하게 소리내어 읽고, 바르게 써 보세요.

돌부리에 걸려 넘어질거야.
_{너머질꺼야}

숨을 쉴 수가 없잖아?
_{수물 쉴 수가 업짜나}

음식을 먹을 수도 없고,
_{음시글 머글 쑤도 업꼬}

정확하게 소리내어 읽고, 바르게 써 보세요.

냄새를 맡을 수도 없지.
_{냄새를 마틀 쑤도 업찌}

연필을 잡을 수 없고,
_{연피를 자블 쑤 업꼬}

장난감을 가지고 놀 수도 없어.
_{장난까믈 가지고 놀 쑤도 업써}

정확하게 소리내어 읽고, 바르게 써 보세요.

손가락에 끼우잖아?
손 까 라 게 끼 우 자 나

높으신 내가 한 말씀을 하겠다.
노 프 신 내 가 한 말 쓰 믈 하 겓 따

끝나지 않았습니다.
끈 나 지 아 낟 씀 니 다

글자를 이어서 읽을 때의 발음에 주의하며 소리내어 읽어 봅시다.

놀부의 제비집 찾기

읽기 56~57쪽

놀부는 동생 흥부가 부자가 되었다는 소문을 들었습니다. 놀부는 샘이 나서 흥부네 집으로 달려갔습니다.
소무늘 들얻씀
니 다   새 미   지 브 로 달 려 갇 씀 니 다

"네 이놈, 흥부 어디 있느냐?"

"형님, 어서 오십시오."

흥부는 형님을 공손하게 맞이하였습니다.
마 지 하 엳 씀 니 다

"네 이놈! 네가 어떻게 부자가 되었지?"
어 떠 케   되 얻 찌

놀부는 소리를 버럭 질렀습니다.
질 럳 씀 니 다

"지난 해에, 부러진 제비 다리를 정성껏 고쳐 주었어요. 그랬더니 제비가 박씨 하나를 물어다 주었어요. 봄에 그 박씨를 심어 가을에 박을 타 보니, 박 안에서 온갖 보물이 나왔어요."

"그래? 그럼 나도 얼른 제비 다리를 고쳐 주고 보물을 얻어야겠다."

놀부는 집에 와서 열심히 제비집을 찾았습니다.

"다리 부러진 제비가 어디 있지? 아이고, 답답해라. 내가 그냥 제비 다리를 부러뜨려야겠다."

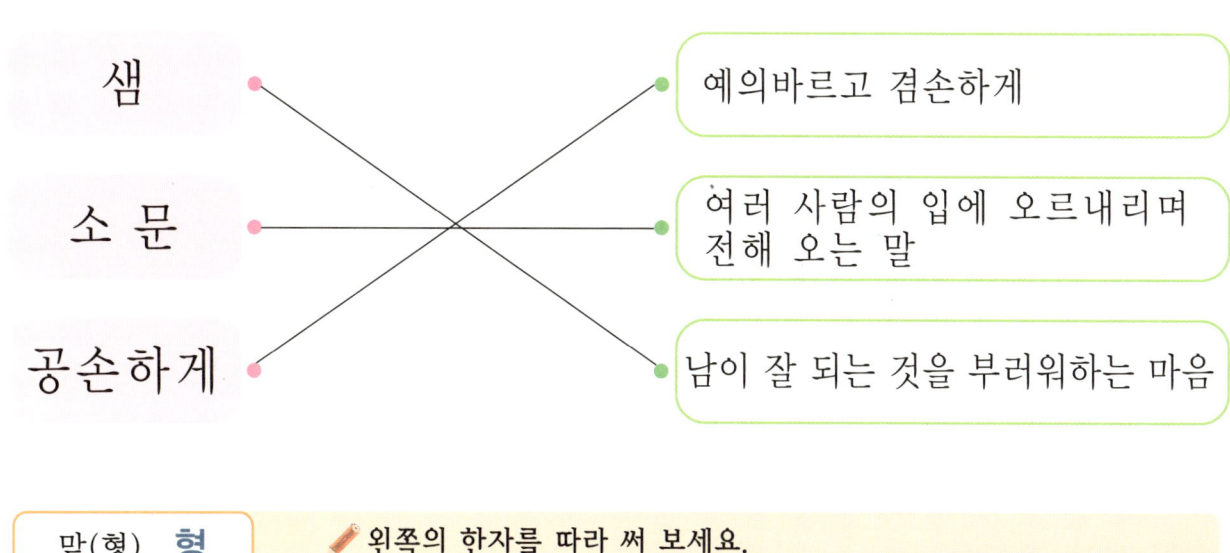

선을 따라가 낱말 풀이를 읽어 보세요.

샘 — 예의바르고 겸손하게
소문 — 여러 사람의 입에 오르내리며 전해 오는 말
공손하게 — 남이 잘 되는 것을 부러워하는 마음

맏(형) 형

왼쪽의 한자를 따라 써 보세요.

兄 兄 兄 兄 兄

🌳 뜻풀이를 읽고, 알맞은 낱말을 써 넣으세요.

예의바르고 겸손하게	•	•	
남이 잘 되는 것을 부러워하는 마음	•	•	
여러 사람의 입에 오르내리며 전해 오는 말	•	•	

🌳 정확하게 소리내어 읽고, 바르게 써 보세요.

소문을 들었습니다.
[소무늘 들얻씀니다]

샘이 나서 흥부네 집으로
[새미 나서 흥부네 지브로]

정확하게 소리내어 읽고, 바르게 써 보세요.

정성껏 고쳐 주었어요.
정 성 껃 고 쳐 주 얻 써 요

공손하게 맞이하였습니다.
공 손 하 게 마 지 하 엳 씀 니 다

네가 어떻게 부자가 되었지?
어 떠 케 부 자 가 되 얻 찌

정확하게 소리내어 읽고, 바르게 써 보세요.

박씨 하나를 물어다 주었어요.
[박 씨 하 나 를 무 러 다 주 얻 써 요]

박 안에서 온갖 보물이 나왔어요.
[온 갇 보 무 리 나 왇 써 요]

아이고, 답답해라.
[아 이 고 답 따 패 라]

🌳 다음 ( )안에 낱말 중 바르게 쓴 낱말에 ○표 하고, 문장을 쓰세요.

(소문을 · 소무늘) 들었습니다.

➡ _____

네 이놈, 흥부 어디 (인느냐 · 있느냐)

➡ _____

공손하게 (마지 · 맞이) 하였습니다.

➡ _____

가을에 (박을 · 바글) 타 보니,

➡ _____

온갖 (보무리 · 보물이) 나왔어요.

➡ _____

보물을 (얻어야 · 어더야)겠다.

➡ _____

받아쓰기
*교재 112쪽 참조하세요.

🌳 선생님께서 불러 주시는 말을 바르게 받아 써 봅시다.

1
2
3
4
5
6
7
8
9
10

🌳 틀린 글자 다시 써 보기

구멍난 그릇

어느 날, 동물 나라 임금이 돼지와 토끼와 사슴한테 흙을 주며 말하였습니다.

"애들아, 이 흙은 아픈 상처를 치료할 수 있는 신기한 흙이란다. 이 신기한 흙으로 그릇을 빚어 주지 않겠니? 가장 아름다운 그릇을 빚어 주면 상을 주마."

동물들은 이튿날부터 열심히 그릇을 빚기 시작하였습니다. 그리고 그릇을 다 빚자 임금에게 가지고 갔습니다. 누가 상을 받는지 보려고 다른 동물들도 함께 갔습니다.

임금은 그릇들을 찬찬히 살펴보았습니다. 그러다가 사슴이 만든 그릇을 보고 고개를 갸우뚱하였습니다.
이 모습을 본 아기다람쥐가 웃으며 말하였습니다.
"하하하, 구멍난 그릇이야. 바닥에 구멍이 뻥 뚫렸잖아?"
모두 웃음을 터뜨렸습니다.
"사슴아, 너는 어찌하여 구멍난 그릇을 빚었느냐?"
"임금님, 저는 친구를 도와 주고 싶었습니다."

🌳 선을 따라가 낱말 풀이를 읽어 보세요.

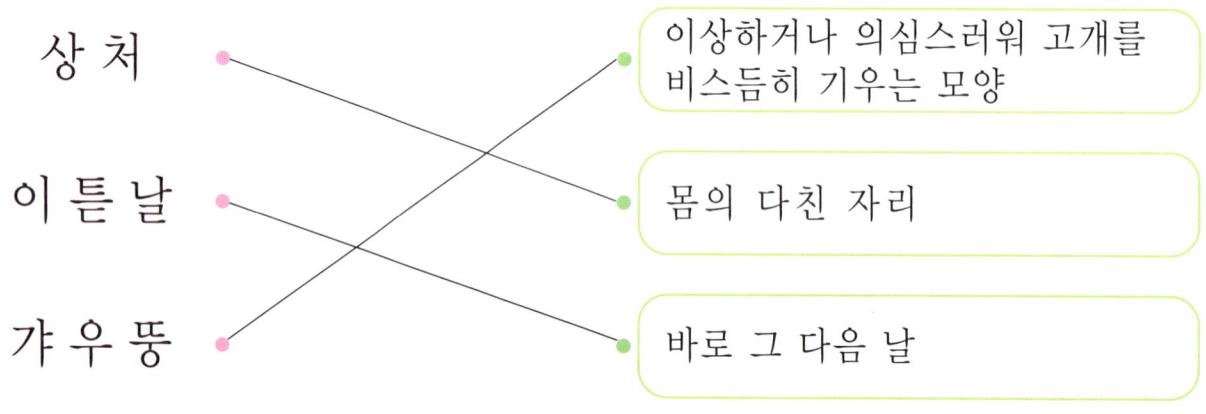

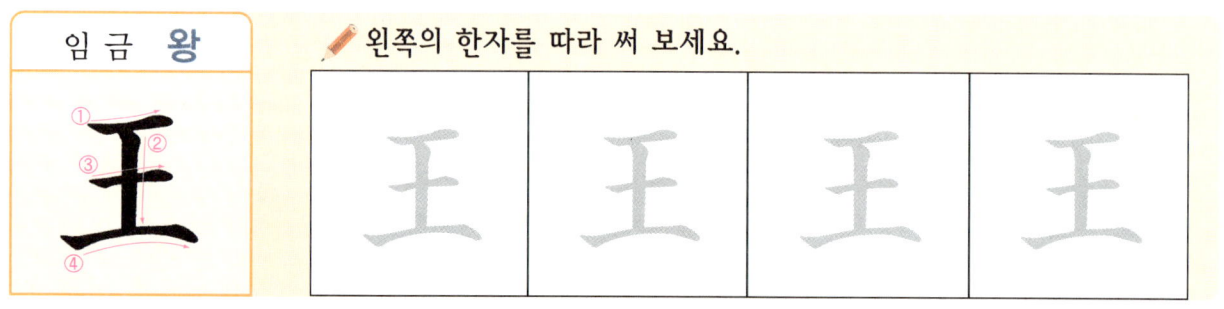

🌳 뜻풀이를 읽고, 알맞은 낱말을 써 넣으세요.

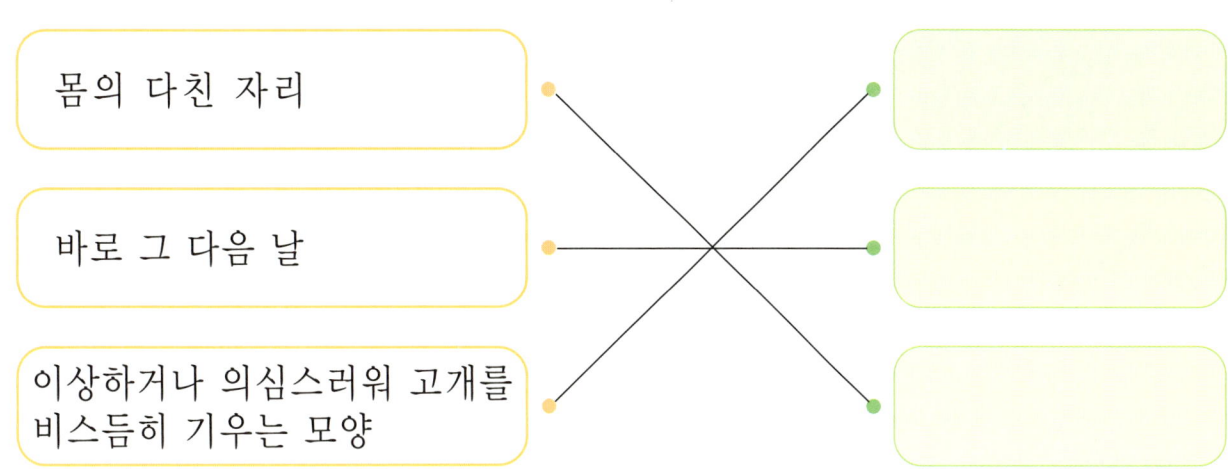

🌳 정확하게 소리내어 읽고, 바르게 써 보세요.

흙을	흙으로	모습을
흘글	흘그로	모스블

정확하게 소리내어 읽고, 바르게 써 보세요.

이튿날부터 열심히
[이튼날부터 열씨미]

그릇을 빚기 시작하였습니다.
[그르슬 빋끼 시자카엳씀니다]

찬찬히 살펴보았습니다.
[찬차니 살펴보앋씀니다]

정확하게 소리내어 읽고, 바르게 써 보세요.

구멍난 그릇을 빚었느냐?
구 멍 난 그 르 슬 비 전 느 냐

이 모습을 본 아기다람쥐
이 모 스 블 본 아 기 다 람 쥐

구멍이 뻥 뚫렸잖아?

🌳 글자를 이어서 읽을 때의 발음에 주의하며 소리내어 읽어 봅시다.

읽기 62쪽

사슴이 고개를 숙이며 대답하였습니다. 그때 염소가 앞으로 나서며 말하였습니다.

"임금님, 저는 다리를 다쳐서 보름 동안이나 꼼짝을 못 하였습니다. 이 소식을 들은 사슴이 자기가 빚던 그릇의 바닥을 떼어 저에게 가지고 왔습니다. 그리고 제 아픈 다리에 발라 주었습니다. 그래서 사슴의 그릇에 구멍이 생겼습니다."

염소의 말을 듣고, 임금은 매우 기뻐하였습니다. 그리고 사슴한테 큰 상을 내렸습니다.

정확하게 소리내어 읽고, 바르게 써 보세요.

고개를 숙이며 대답하였습니다.
고 개 를 수 기 며 대 다 파 엳 씀 니 다

꼼짝을 못 하였습니다.
꼼 짝 글 모 타 엳 씀 니 다

염소의 말을 듣고
염 소 의 마 를 듣 꼬

📗 다음 ( )안에 낱말 중 바르게 쓴 낱말에 ○표 하고, 문장을 쓰세요.

신기한 (흙 · 흘) 이란다.

➡ _____

아름다운 그릇을 (비저 · 빚어) 주면

➡ _____

(웃으며 · 우스며) 말하였습니다.

➡ _____

염소의 말을 (듣고 · 뜬꼬)

➡ _____

(열심히 · 열씨미) 빚기 시작하였습니다.

➡ _____

저는 다리를 (다쳐서 · 다처서)

➡ _____

2 즐거운 하루

세종 대왕

읽기 65쪽

　어느 날, 이른 새벽이었습니다. 세종 대왕이 궁궐을 돌아보고 있었습니다. 그러다가 새벽까지 공부를 하다가 앉은 채 잠든 젊은 학자를 보았습니다.

　"새벽이라 추울 텐데……."

　세종 대왕은 입고 있던 옷을 벗었습니다. 그리고 그 옷으로 젊은 학자를 덮어 주었습니다. 세종 대왕은 자기 몸처럼 신하들을 돌보았습니다.

　세종 대왕은 백성들이 사는 모습도 꼼꼼히 살폈습니다.

　'백성들은 어떻게 살고 있을까?'

　가끔 궁궐 밖으로 나가서 백성들의 어려움이 무엇인지 살펴보았습니다.

그리고 백성들을 위해서 많은 일을 하였습니다.
　세종 대왕이 나라를 다스리던 때에 우리 나라에서는 한자를 쓰고 있었습니다. 한자는 백성들이 배우기 어려운 글자였습니다.
　세종 대왕은 한자를 배우기 어려워하는 백성들을 보며 안타까워하였습니다.
　'쉬운 글자가 필요해. 백성들이 배우기 쉽고, 쓰기 편한 글자를 만들어야겠어.'
　세종 대왕은 우리말을 쉽게 적을 수 있는 글자를 만들기 위하여 밤낮으로 노력하였습니다. 여러 학자들이 세종 대왕을 도왔습니다. 눈병이 났을 때에도 세종 대왕은 글자를 만들기 위하여 계속 노력하였습니다.
　오늘날에 우리가 쓰고 있는 한글은 세종 대왕과 여러 학자들이 만든 글자입니다.

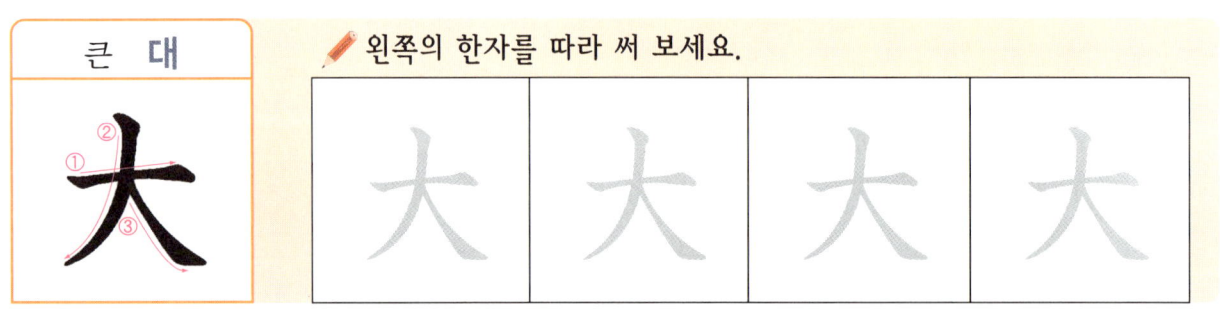

🌳 선을 따라가 낱말 풀이를 읽어 보세요.

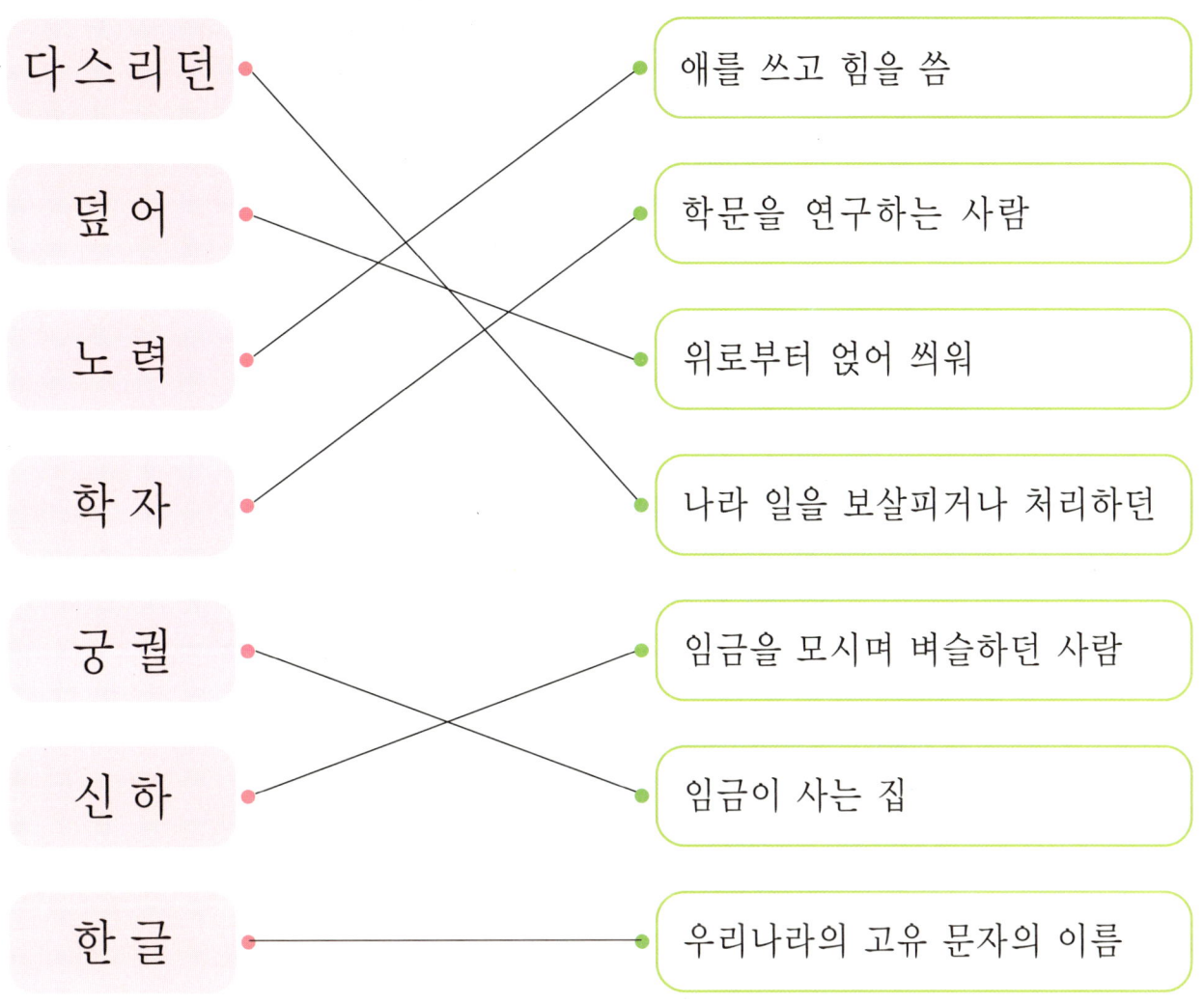

🌳 정확하게 소리내어 읽고, 바르게 써 보세요.

젊은 학자	무엇인지
절 믄 학 짜	무 어 신 지

정확하게 소리내어 읽고, 바르게 써 보세요.

궁궐을 돌아보고 있었습니다.
궁궈를 도라보고 읻썯씀니다

앉은 채 잠든 젊은 학자
안즌 채 잠든 절믄 학짜

입고 있던 옷을 벗었습니다.
입꼬 읻떤 오슬 버섣씀니다

정확하게 소리내어 읽고, 바르게 써 보세요.

옷으로 젊은 학자를 덮어
오 스 로 절 믄 학 짜 를 더 퍼

백성들이 사는 모습도
백 썽 드 리 사 는 모 습 또

어려움이 무엇인지
어 려 우 미 무 어 신 지

🌳 정확하게 소리내어 읽고, 바르게 써 보세요.

편한 글자를 만들어야겠어.
[펴난 글짜를 만드러야겐써]

밤낮으로 노력하였습니다.
[밤나즈로 노려카엳씀니다]

학자들이 만든 글자입니다.
[학짜드리 만든 글짜임니다]

다음 (　) 안에 낱말 중 바르게 쓴 낱말에 ○표 하고, 문장을 쓰세요.

젊은 학자를 (덮어 · 더퍼) 주었습니다.

⇨

모습도 (꼼꼬미 · 꼼꼼히) 살폈습니다.

⇨

눈병이 (나쓸 · 났을) 때에도

⇨

(백성들이 · 백썽드리) 사는 모습

⇨

(어떻게 · 어떠케) 살고 있을까?

⇨

궁궐 (바끄로 · 밖으로) 나가서

⇨

1나-73

굴참나무와 오색딱따구리

깊은 산 속에 커다란 굴참나무 한 그루가 살고 있었습니다. 두꺼운 나무 껍질과 길쭉한 잎을 가진 굴참나무는 마음 씀씀이가 참 넉넉하였습니다.

어느 날, 산비둘기 가족이 찾아왔습니다.

"굴참나무 아저씨, 여기에서 우리 가족이 살게 해 주세요."

"오냐, 그렇게 하렴. 여기에서 행복하게 살아라."

굴참나무는 나뭇가지 하나를 산비둘기 가족에게 내어 주었습니다. 산비둘기 가족이 집을 짓느라고 나뭇가지가 심하게 흔들렸습니다. 그러나 굴참나무는 아무런 말도 하지 않았습니다.

그러던 어느 날, 뾰족한 부리를 가진 오색딱따구리가 찾아와 말하였습니다.

🌳 선을 따라가 낱말 풀이를 읽어 보세요.

그루	—	돈, 물건 따위를 쓰는 정도나 모양
씀씀이	—	새의 주둥이
부리	—	나무를 세는 단위

🌳 정확하게 소리내어 읽고, 바르게 써 보세요.

깊은 산 속에 커다란
기 픈 산 쏘 게

길쭉한 잎을 가진 굴참나무
길 쭈 칸 이 플 가 진 굴 참 나 무

정확하게 소리내어 읽고, 바르게 써 보세요.

여기에서 행복하게 살아라.
[행복카게 사라라]

집을 짓느라고 나뭇가지가
[지블 진느라고 나묻까지가]

딱따구리가 찾아와
[딱따구리가 차자와]

🌳 글자를 이어서 읽을 때의 발음에 주의하며 소리내어 읽어 봅시다.

"굴참나무 아저씨, 저도 여기에서 살게 해 주세요."
이 말을 들은 산비둘기가 말하였습니다.
"안 돼요, 아저씨. 오색딱따구리는 나무를 쪼아 대서 시끄러워요. 아침 일찍부터 시끄럽게 하면 늦잠을 잘 수 없잖아요?"
_{늗짬}
_{을 잘 쑤 업짜나요}
그러나 굴참나무는 오색딱따구리를 받아 주었습니다. 그런데 언제부터인가 굴참나무가 시름시름 앓기 시작하였습니다. 산비둘기 가족은 굴참나무를 떠났습니다.
_{바다 주얼씀니다}
_{알키}
_{시자카열씀니다}
_{가조근}

"굴참나무 아저씨, 어디 아프세요?"
오색딱따구리가 물었습니다.
"내 몸에 나쁜 벌레들이 들어와 병이 들었단다. 내 걱정은 하지 말고 너도 어서 떠나라."
_{내 모메 나쁜 벌레드리 드러와}
굴참나무가 힘없이 말하였습니다.
_{히멉씨}
"갈 곳이 없는 저를 도와 주신 아저씨를 모른 체할 수 없어요.

제가 아저씨 몸에 있는 나쁜 벌레들을 몽땅 잡겠어요."

오색딱따구리는 날카로운 발톱으로 굴참나무를 꼭 잡았습니다. 그리고 머리와 목을 마치처럼 움직이며 벌레를 잡기 시작하였습니다.

"딱 따 따다 닥……."

오색딱따구리는 며칠 동안 쉬지 않고 쪼아댔습니다. 부리가 부서질 듯 아팠지만 벌레 잡는 일을 멈추지 않았습니다.

"딱 따 따다 닥……."

나무 쪼는 소리가 멀리멀리 퍼져 나갔습니다.

정확하게 소리내어 읽고, 바르게 써 보세요.

늦잠을 잘 수 없잖아요?
늘 짜 믈 잘 쑤 업 짜 나 요

딱따구리를 받아 주었습니다.
바 다 주 얻 씀 니 다

시름시름 앓기 시작하였습니다.
알 키 시 자 카 엳 씀 니 다

정확하게 소리내어 읽고, 바르게 써 보세요.

내 몸에 나쁜 벌레들이 들어와
내 모메 나쁜 벌레드리 드러와

산비둘기 가족은 떠났습니다.
가 조 근

힘없이 말하였습니다.
히 멉 씨 말 하 엳 씀 니 다

🌳 선을 따라가 낱말 풀이를 읽어 보세요.

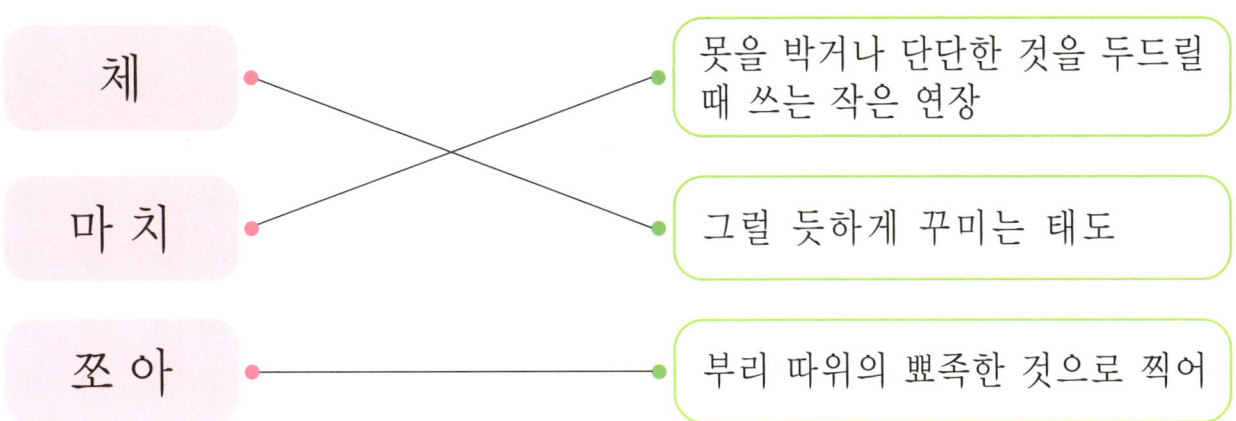

- 체 — 그럴 듯하게 꾸미는 태도
- 마치 — 못을 박거나 단단한 것을 두드릴 때 쓰는 작은 연장
- 쪼아 — 부리 따위의 뾰족한 것으로 찍어

🌳 정확하게 소리내어 읽고, 바르게 써 보세요.

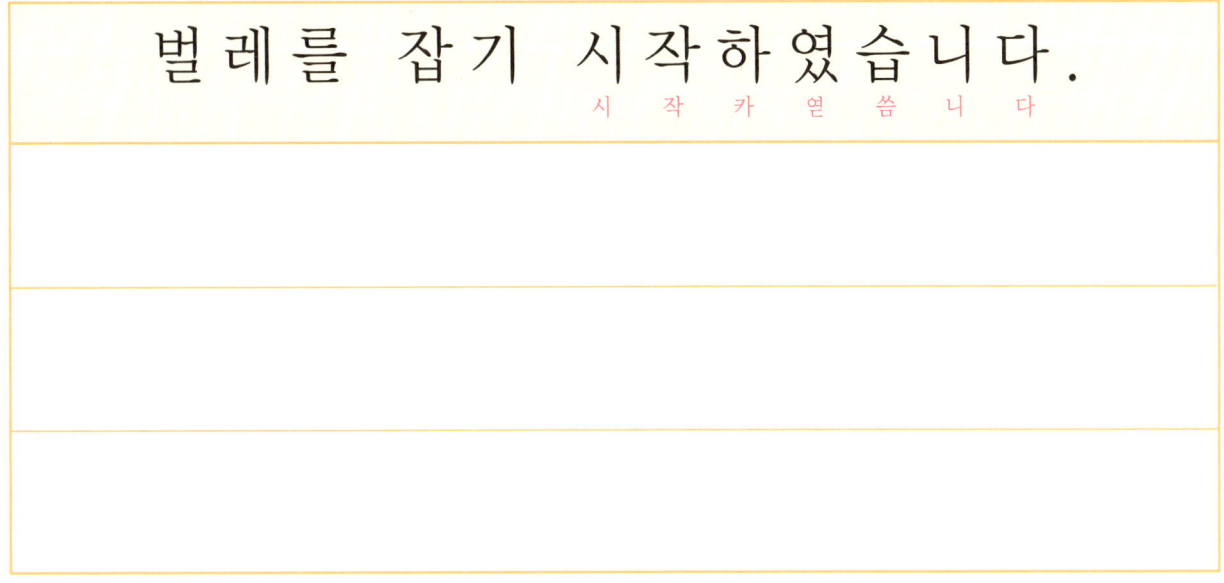

벌레를 잡기 시작하였습니다.
　　　　　시 작 카 엳 씀 니 다

며칠 동안 쉬지 않고
며 칠 똥 안 쉬 지 안 코

정확하게 소리내어 읽고, 바르게 써 보세요.

쪼아 댔습니다.
쪼 아 댄 씀 니 다

부서질 듯 아팠지만
부 서 질 뜯 아 팓 찌 만

멀리멀리 퍼져 나갔습니다.
퍼 저 나 갇 씀 니 다

다음 ( )안에 낱말 중 바르게 쓴 낱말에 ○표 하고, 문장을 쓰세요.

(깊은 · 기픈) 산 속에 나무 한 그루

➡ _____

(가조기 · 가족이) 찾아왔습니다.

➡ _____

길쭉한 (잎을 · 이플) 가진

➡ _____

딱따구리가 (차자와 · 찾아와)

➡ _____

아저씨 (모메 · 몸에) 있는 나쁜 벌레

➡ _____

딱따구리를 (받아 · 바다) 주었습니다.

➡ _____

정확하게 소리내어 읽고, 바르게 써 보세요.

준비물을 챙기고 있습니다.
준비무를 챙기고 읻씀니다

네 책상 서랍에 없니?
네 책쌍 서라베 엄니

내 책상 밑에 있던데
내 책쌍 미테 읻떤데

정확하게 소리내어 읽고, 바르게 써 보세요.

아무렇게나 놓여 있는
아무러케나 노여 인는

아침에 이렇게 바쁘지 않을 텐데
아치메 이러케 바쁘지 안을 텐데

찰흙이랑 신문지를
찰흘기랑 신문지를

받아쓰기

*교재 112쪽 참조하세요.

선생님께서 불러 주시는 말을 바르게 받아 써 봅시다.

1
2
3
4
5
6
7
8
9
10

틀린 글자 다시 써 보기

이런 인사 저런 인사

나라마다 인사하는 법이 다릅니다. 어떻게 다를까요?

우리 나라 사람들은 허리를 굽혀 인사합니다. 상대방과 조금 떨어져서 바른 자세로 인사합니다. 서로 인사말도 주고받습니다.

멕시코 사람들은 서로 껴안으며 인사합니다. 상대방에게 가까이 다가가서 힘껏 서로를 껴안습니다. 그러고는 큰 소리로 반가움을 나타냅니다.

사우디아라비아 사람들은 뺨을 대며 인사합니다. 상대방에게 가까이 다가가서 서로의 뺨을 가볍게 댑니다. 그러면서 서로의 어깨를 가볍게 두드리며 반가움을 나타냅니다.

🌳 선을 따라가 낱말 풀이를 읽어 보세요.

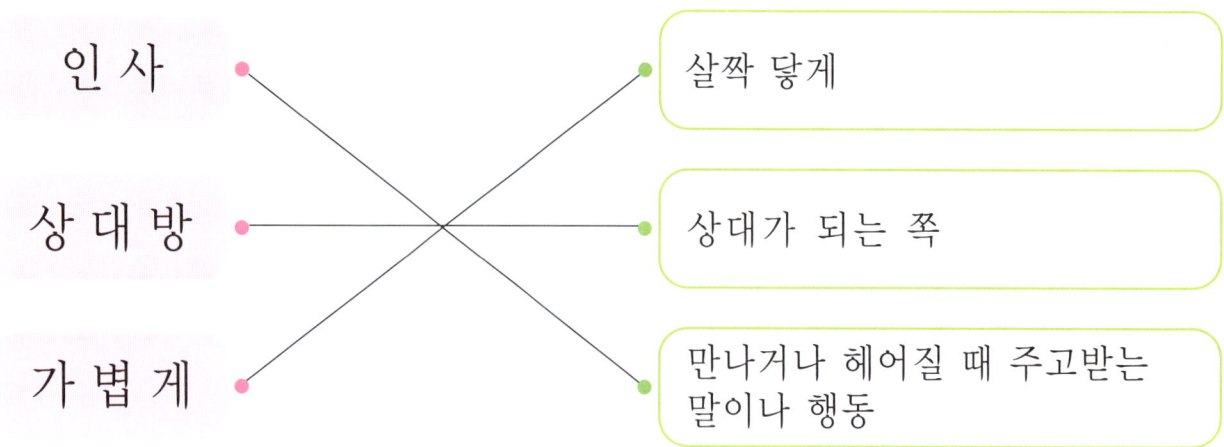

- 인사 — 만나거나 헤어질 때 주고받는 말이나 행동
- 상대방 — 상대가 되는 쪽
- 가볍게 — 살짝 닿게

🌳 정확하게 소리내어 읽고, 바르게 써 보세요.

인사하는 법이 다릅니다.
　　　　　버 비　다 름 니 다

허리를 굽혀 인사합니다.
　　　　구 펴　인 사 함 니 다

정확하게 소리내어 읽고, 바르게 써 보세요.

서로 껴안으며 인사합니다.
껴 아 느 며 인 사 함 니 다

반가움을 나타냅니다.
방 가 우 믈 나 타 냄 니 다

사람들은 뺨을 대며
사 람 드 른 뺨 믈 대 며

물은 요술쟁이

나는 물입니다. 지금 주전자 안에서 보글보글 끓고 있지요. 조금만 기다리면 주전자 밖으로 나갈 수 있습니다. 내가 김이 되어 밖으로 나가면 사람들은 나를 수증기라고 부릅니다.

"어, 붕 떠오르네!"

나는 점점 가벼워져서 주전자 밖으로 나갑니다.

"얼른 하늘로 올라가야지."

내가 하늘로 올라가서 떠 있으면 사람들은 나를 구름이라고 부릅니다.

"애들아, 안녕?"

하늘에 올라가면 친구들을 만날 수 있습니다. 우리는 늘 함께 다니며 세상을 구경합니다.

친구들이 많이 모이면 우리의 몸이 무거워집니다. 그러면 우리는 땅으로 내려옵니다.

우리는 땅으로 내려오다가 차가운 공기를 만나면 눈이 되고, 따뜻한 공기를 만나면 비가 됩니다.

나는 이렇게 수증기도 되고, 구름도 되고, 눈이나
비도 될 수 있습니다. 나는 요술쟁이랍니다.

읽기 94쪽

🌳 선을 따라가 낱말 풀이를 읽어 보세요.

김	항상·언제나
수증기	물이 증발하여 기체 상태로 된 것
늘	액체가 열을 받아서 된 기체

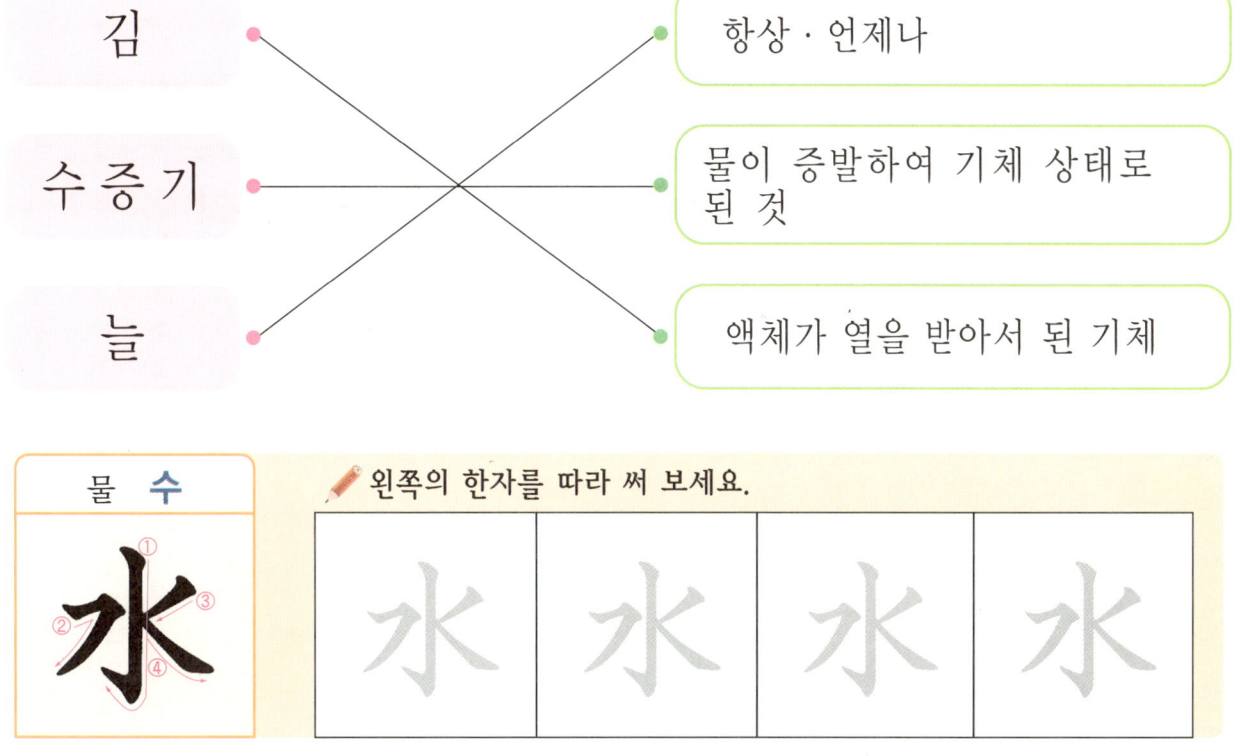

물 수

정확하게 소리내어 읽고, 바르게 써 보세요.

나는 물입니다.
[나는 무립니다]

김이 되어 밖으로 나가면
[기미 되어 바끄로 나가면]

구름이라고 부릅니다.
[구르미라고 부름니다]

정확하게 소리내어 읽고, 바르게 써 보세요.

친구들이 많이 모이면
[칭구드리 마니 모이면]

따뜻한 공기를 만나면
[따뜨탄 공기를 만나면]

이렇게 수증기도 되고,
[이러케 수증기도 되고]

정확하게 소리내어 읽고, 바르게 써 보세요.

가벼워져서 밖으로
[가 벼 워 져 서 바 끄 로]

눈이나 비도 될 수 있습니다.
[누 니 나 비 도 될 쑤 읻 씀 니 다]

따뜻한 공기
[따 뜨 탄 공 기]

무거워집니다.

정확하게 소리내어 읽고, 바르게 써 보세요.

수도꼭지에서 물이
(수 도 꼭 찌 에 서 무 리)

쏟아져 나오는 모습이 떠오르지요.
(쏘 다 저 나 오 는 모 스 비 떠 오 르 지 요)

| 떨어지는 | 귀엽고 | 물이 |
| (떠러지는) | (귀엽꼬) | (무리) |

1나-95

🌳 글자를 이어서 읽을 때의 발음에 주의하며 소리내어 읽어 봅시다.

거북의 알낳기

읽기 98~99쪽

거북 한 마리가 알을 낳으려고 하였습니다. 거북은 파도를 타고 물 밖으로 나왔습니다. 거북은 모래밭에 올라와 이곳 저곳을 둘러보았습니다.

'이 자리가 좋겠다.'

거북은 모래를 파기 시작하였습니다. 열심히 모래를 파서 깊은 구덩이를 만들었습니다. 그리고 그 곳에 알을 낳았습니다. 하얗고 동그란 알이었습니다.

'누가 훔쳐 가지 못하게 잘 숨겨 두어야지.'

거북은 구덩이를 모래로 잘 덮었습니다. 알을 잘 숨긴 거북은 바다로 돌아갔습니다.

정확하게 소리내어 읽고, 바르게 써 보세요.

알을 낳으려고 하였습니다.
아를 나으려고 하엳씀니다

물 밖으로 나왔습니다.
　　바끄로

모래밭에 올라와
모래받테 올라와

정확하게 소리내어 읽고, 바르게 써 보세요.

이곳 저곳을 둘러보았습니다.
　이 곧　저 고 슬

'이 자리가 좋겠다.'
　　　　　　조 켄 따

깊은 구덩이를 만들었습니다.
기 픈　구 덩 이 를　만 드 럳 씀 니 다

정확하게 소리내어 읽고, 바르게 써 보세요.

그 곳에 알을 낳았습니다.
그 고세 아를 나앋씀니다

모래로 잘 덮었습니다.
더펀씀니다

바다로 돌아갔습니다.
도라갇씀니다

정확하게 소리내어 읽고, 바르게 써 보세요.

읽기 100~101쪽

옛날 어린이들이 즐기던 놀이
(옌날 어리니드리 즐기던 노리)

맨 앞 사람이 맨 뒷사람을
(맨 압 싸라미 맨 뒤싸라믈)

그림자를 밟힌 사람은
(발핀 사라믄)

정확하게 소리내어 읽고, 바르게 써 보세요.

읽기 109쪽

편지 잘 받았어
[바 다 써]

생각을 잘 하더라
[생 가 글]

앞으로도 금붕어를 더 잘 키워
[아 프 로 도]

꼭 하고 말 테야

오랜만에 햇볕이 따뜻하게 내리쬐었습니다. 정수와 영서, 민기는 함께 교문을 나섰습니다.

"영서야, 점심 먹고 공원에서 자전거 타자."

정수가 영서에게 말하였습니다.

"그래."

그 말을 들은 민기는 시무룩해졌습니다. 민기는 자전거를 탈 줄 모르기 때문입니다.

"민기야, 너도 자전거 타는 것 좀 배워라."

영서는 시무룩한 얼굴을 하고 있는 민기에게 말하였습니다. 민기는 기분이 나빠졌습니다.

'치, 자전거 탈 줄 안다고 잘난 척하긴.'

민기는 작년에 자전거 타는 법을 배우려다 그만두었습니다. 겁이 나서였습니다.

민기는 집으로 돌아오자마자, 먼지 묻은 자전거를 꺼냈습니다. 그리고 자전거 위에 엉거주춤 올라탔습니다.

페달을 밟으려다 그만 자전거와 함께 쓰러지고 말았습니다. 무릎이 벗겨져 피가 났습니다. 무척 아팠습니다.

'그만두면 안 돼.'

정수와 영서의 얼굴이 떠 올랐습니다. 자기를 겁쟁이라고 놀리는 것 같았습니다. 민기는 다시 일어섰습니다.

해 년 年	왼쪽의 한자를 따라 써 보세요.
	年　年　年　年

정확하게 소리내어 읽고, 바르게 써 보세요.

오랜만에 햇볕이 따뜻하게
_{오 랜 마 네   해 뼈 치   따 뜨 타 게}

민기는 시무룩해졌습니다.
_{시 무 루 케 견 씀 니 다}

작년에 자전거 타는 법을 배우려다
_{장 녀 네   버 블}

정확하게 소리내어 읽고, 바르게 써 보세요.

페달을 밟으려다
페다를 발브려다

무릎이 벗겨져 피가 났습니다.
무르피 벋껴저 피가 낟씀니다

"우리가 잡아 줄께."
자바 줄께

정확하게 소리내어 읽고, 바르게 써 보세요.

넘어지지 않고 앞으로
[너머지지 안코 아프로]

친구들이 손을 놓으면
[친구드리 소늘 노으면]

자신이 없었습니다.
[자시니 업썰씀니다]

정확하게 소리내어 읽고, 바르게 써 보세요.

"알았어. 꼭 잡고 있으니 걱정 마."
　아 라 써　　　　　　이 쓰 니 걱 쩡 마

"꼭 잡아야 돼. 놓으면 안 돼."
　　자 바 야 돼　노 으 면 안 돼

웃으며 말하였습니다.
우 스 며　말 하 연 씀 니 다

🌳 다음 (   )안에 낱말 중 바르게 쓴 낱말에 ○표 하고, 문장을 쓰세요.

함께 (교무늘 · 교문을) 나섰습니다.

➡

(기분이 · 기부니) 나빠졌습니다.

➡

(장녀네 · 작년에) 자전거 타는 법을

➡

(겁이 · 거비) 나서였습니다.

➡

먼지 (묻은 · 무든) 자전거

➡

우리가 (자바 · 잡아) 줄께

➡

정확하게 소리내어 읽고, 바르게 써 보세요.

읽기 116~119쪽

| 앞으로 | 생각이 | 듯이 |
| 아 프 로 | 생 가 기 | 드 시 |

| 웃으며 | 또록이 | 옆에 앉아 |
| 우 스 며 | 또 로 기 | 여 페 안 자 |

"어미를 찾을 수가 없단다."
차 즐 수 가 업 딴 다

받아쓰기

*교재 112쪽 참조하세요.

🌳 선생님께서 불러 주시는 말을 바르게 받아 써 봅시다.

1
2
3
4
5
6
7
8
9
10

🌳 **틀린글자다시써보기**

속담풀이

🌳 아래의 속담을 읽어보세요.

누워서 떡 먹기 ➡ 아주 쉬운 일에 비유하는 뜻

코가 납작해 지다. ➡ 기가 죽었다는 뜻

독 안에 든 쥐 ➡ 아무리 애써도 벗어날 수 없는 처지

산 넘어 산이다. ➡ 갈수록 고생이 점점 더 심해진다는 뜻

작은 고추가 더 맵다. ➡ 몸집이 작은 사람이 큰 사람보다 더 잘 한다는 뜻

서쪽에서 해가 뜨겠다.
➡ 절대로 있을수 없거나 희한한 일을 당했을 때 하는 말

고래 싸움에 새우 등 터진다.
➡ 남의 싸움에 다른 사람이 피해를 입는다는 뜻

사자 없는 산에서는 토끼가 왕 노릇 한다.
➡ 잘난 사람이 없는데서는 못난 사람이 잘난 체 한다는 말

받아쓰기

1회
1. 숨죽여 살금살금
2. 손 안에 남아 있는 건
3. 해와 같이 밝은 달
4. 좋다. 날이 밝기 전에
5. 꼼짝없이 죽게 되었다고
6. 옆에 있던 흙덩이
7. 흙덩이만 주워 갔습니다.
8. 따뜻한 봄이 왔습니다.
9. 민들레 싹이 돋았습니다.
10. 네가 거름이 되어 주면

2회
1. 공부하는 힘이 생깁니다.
2. 좋아하는 음식과 싫어하는 음식
3. 공원에 있는 시계탑 앞에서
4. 늦었다고 말하였습니다.
5. 고양이가 없을 거예요.
6. 이사를 가면 좋겠어요.
7. 숨을 쉴 수가 없잖아?
8. 제일 높으신 내가 말씀을 하겠다.
9. 공손하게 맞이하였습니다.
10. 보물을 얻어야겠다.

3회
1. 치료할 수 있는 신기한 흙이란다.
2. 그릇을 빚어 주지 않겠니?
3. 앉은 채 잠든 젊은 학자
4. 입고 있던 옷을 벗었습니다.
5. 집을 짓느라고 나뭇가지가
6. 딱따구리가 찾아와 말하였습니다.
7. 늦잠을 잘 수 없잖아요?
8. 시름시름 앓기 시작하였습니다.
9. 나쁜 벌레들이 들어와
10. 책상 밑에 있던데

4회
1. 서로 껴안으며 인사합니다.
2. 뺨을 가볍게 댑니다.
3. 김이 되어 밖으로 나가면
4. 친구들이 많이 모이면
5. 알을 낳으려고 하였습니다.
6. 누가 훔쳐 가지 못하게
7. 오랜만에 햇볕이 따뜻하게
8. 시무룩한 얼굴을 하고
9. 작년에 타는 법을 배우려다
10. 겁이 나서였습니다.